聪颖宝贝科普馆

趣味科学启蒙，给孩子的贴心科普老师

万物由来

胡君宇 / 编著

辽宁美术出版社

图书在版编目(CIP)数据

万物由来 / 胡君宇编著. —沈阳：辽宁美术出版
社, 2024.7

（聪颖宝贝科普馆）

ISBN 978-7-5314-9383-9

Ⅰ.①万… Ⅱ.①胡… Ⅲ.①科学知识—青少年读物
Ⅳ.①Z228.2

中国版本图书馆 CIP 数据核字(2022)第 238235 号

出 版 者：辽宁美术出版社
地　　址：沈阳市和平区民族北街 29 号　　邮编：110001
发 行 者：辽宁美术出版社
印 刷 者：唐山楠萍印务有限公司
开　　本：889mm×1194mm　　1/16
印　　张：5.5
字　　数：40 千字
出版时间：2024 年 7 月第 1 版
印刷时间：2024 年 7 月第 1 次印刷
责任编辑：梁晓蛟
装帧设计：胡　艺
责任校对：郝　刚
书　　号：ISBN 978-7-5314-9383-9
定　　价：88.00 元

邮购部电话：024-83833008
E-mail：lnmscbs@163.com
http://www.lnmscbs.cn
图书如有印装质量问题请与出版部联系调换
出版部电话：024-23835227

目录

目录

写在前面

　　孩子睁开双眼看世界，最先接触到的便是身边的人与物。在孩子的视角下，那些大人看来习以为常的小物件充满神秘感。艺术来源于生活，科学又何尝不是呢？本书围绕家居、食物、文具、运动、乐器、交通六个方面展开，将带孩子们走进大众的生活。

　　《万物由来》这本书以大家熟知的事物为介绍对象，揭秘它们的奥妙。这些知识都与大家的生活息息相关，在传达知识的同时也将纵向延伸和横向对比的思维方式传输给孩子——许多科学家、哲学家、文学家都具备这样的思维方式。它们蕴含着基本的自然法则和科学原理，是人类文明发展的重要基石。

　　当你打开《万物由来》这本书，书中简洁的语言会为你解读身边那些物品的奥秘，生动风趣的绘画会深深吸引住你，形象地揭秘生活中常常会萦绕我们头脑中的一些问题。如：玻璃是怎样生产出来的？雪白的大米是怎么来的？自行车的构造是怎样的？当你阅读书中的文字，你会明白：原来，几千年来，人们在日常的生产生活中积淀了多么灿烂的文化，创造了多么广博的知识。原来全世界的文化有着千丝万缕的联系，世界各地的人们对社会发展都做出了卓越的贡献。

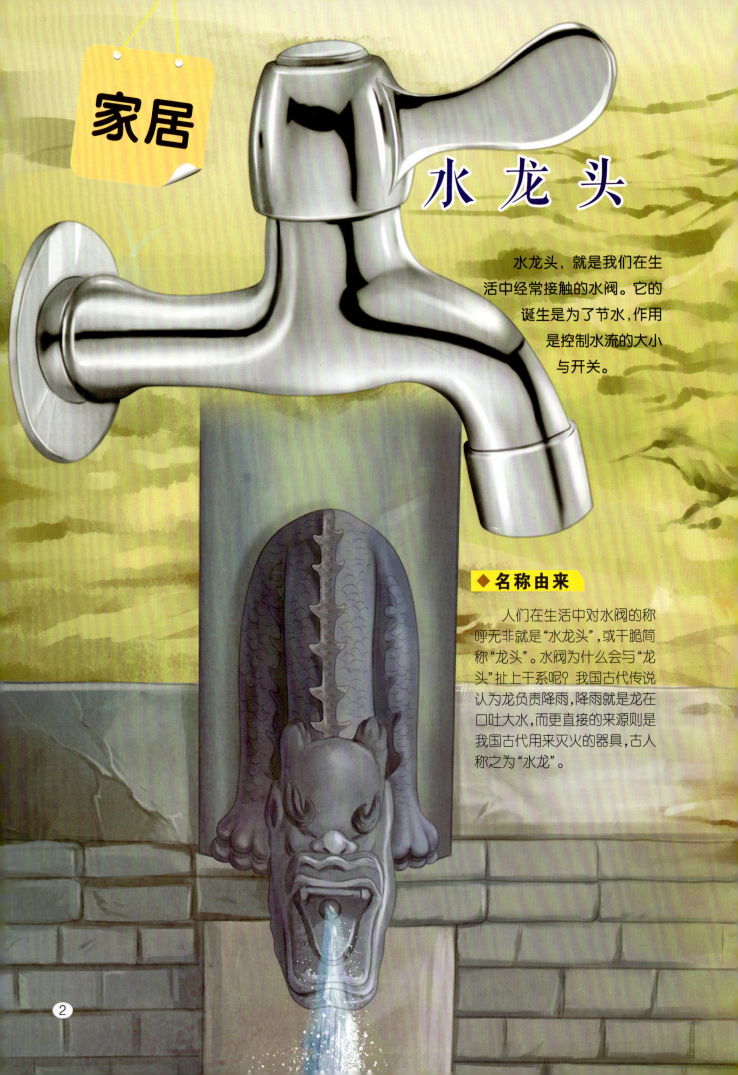

水龙头

水龙头，就是我们在生活中经常接触的水阀。它的诞生是为了节水，作用是控制水流的大小与开关。

◆ 名称由来

人们在生活中对水阀的称呼无非就是"水龙头"，或干脆简称"龙头"。水阀为什么会与"龙头"扯上干系呢？我国古代传说认为龙负责降雨，降雨就是龙在口吐大水，而更直接的来源则是我国古代用来灭火的器具，古人称之为"水龙"。

◆ **生产流程**

　　铜锭—熔解—浇铸（低品质的水龙头用翻砂浇铸，高品质的水龙头用重力铸造）—铸后清理—铸品检验—机械加工—公差检验—试漏—研磨—表面检验—电镀—电镀检验—组装—试水试漏—成品检验—包装—出厂。

◆ **发展史**

　　16世纪，伊斯坦布尔开始广泛使用水龙头，并称之为"供水泉"——水从墙上镶嵌的兽头嘴里源源流出。后来人们为了解决水资源的浪费和水资源的严重供不应求，研制出更便利的水龙头，这也是近代早期广泛使用的水龙头。我国古代民间，老百姓会将竹子打通，并将一根根打通后的竹子首尾相连，制成一个引水管道，用来接引山泉水或河水。

玻 璃

玻璃的主要成分为二氧化硅和其他氧化物，是一种非晶无机非金属材料。普通玻璃的主要成分是硅酸盐复盐，是一种无规则结构的非晶态固体。

◆ **生产流程**

配料—熔制—成型—退火—加工—检验。

◆ 发展史

　　在中国商周时期，人们就已经制造出了玻璃。12世纪，商品玻璃开始出现，并应用到工业领域。18世纪，出于对观测天象的需求，科学家制造出了光学玻璃。1873年，比利时首先制出平板玻璃。

◆ 相关传说

　　6000～5000年前的古埃及，某位制造陶器的工匠无意中烧制出了一小块亮晶晶的东西。他没有忽略这个小东西，而是对其展开研究，分析这次烧制陶器的原料和过程，并进行反复试验，最终搞清楚了原料中的特别成分——是沙子和苏打的混合物被烧制成了这块亮晶晶的东西。这就是后来的玻璃。

衣 柜

衣柜作为一种存放衣物的柜具，其实用性得到人们的青睐。制作衣柜的原材料一般为实木，现代衣柜也有以不锈钢、玻璃等为原材料的。随着生活水平的提高，人们对衣柜的要求除了美观外，结构和功能要求都在逐步提高，如配备消毒、防潮、阻燃等功能的现代衣柜开始走进人们的视野。

◆ 生产流程

设计—制图—拆分—下料—开料—封边—打排钻—检查—组装—油漆涂饰。

◆ **主要分类**

衣柜可分为四大类：推拉门衣柜、移门衣柜、平开门衣柜和开放式衣柜。

◆ **维护保养**

1.衣柜的表面应及时清洁，使用过程中要避免撞坏或刮花衣柜表面。

2.定期对衣柜的主体结构进行检测，确保衣柜内各处受力部件完好，发现有松动的地方及时紧固。对活动结构上的金属部件注入润滑油，防止其生锈。

3.对于常接触的衣柜门要保持干净，柜门活动轨迹内不能有杂物，以避免造成柜门与杂物碰撞。

4.衣柜应避开阳光直射的地方摆放，摆放位置的地面应平整。

5.衣柜的主体多采用木材，木材受潮容易腐坏，导致衣柜损坏，所以我们在使用过程中一定要注意防潮。

棉　被

棉被指的是用棉制成的被子。棉纤维不同于一般的韧皮纤维，它是由棉花受精胚珠的表皮细胞经伸长、加厚而成的种子纤维。

◆ 生产流程

原料—开棉—给棉—凝棉—梳棉—铺棉—断棉—裁剪—研磨—铺网—自动装套。

◆ 四大特性

1. 吸湿性：棉被的吸湿性比较好，在正常情况下，棉纤维能够吸收大气中 8%～10% 的水分，给人的感觉较为舒适，不会觉得硬。

2. 保温性：棉纤维的弹性好，具有多孔性，纤维之间的空隙会留下许多空气，而无论是棉纤维还是空气，都是热和电的不良导体，能够较好地保存热量。

3. 耐热性：纯棉有着较好的耐热性，即便放在沸水中煮也不会损伤棉纤维。我们在生活中正常使用棉被对其品质不会有影响。

4. 棉纤维是天然纤维，其主要成分是纤维素，还有少量的蜡状物质、果胶物质和含氮物。

◆ 优点

提到棉被，人们首先想到的是纯棉被子。它没有静电，对患有心血管疾病的人很有好处。现今，许多人开始购买更为高档的羊毛被、蚕丝被、羽绒被，然而事实上并不是越贵的被子越好。棉被相比那些被子，它的保暖性和柔软度、舒适度都更好，对老人和婴幼儿尤为友好。

碗

碗的起源可追溯到新石器时代,具体起源于何年何月已不可考。作为人们日常使用的器皿,古老的碗与现如今人们使用的碗在造型上并无多大区别。

◆ 起源

碗大多是圆形,很少见到其他形状的碗。新石器时代的碗为泥质陶制,形状和我们平时使用的碗差不多,不同的只是材料、工艺水平和外部装饰。碗的一般用途无非就是盛装食物,其高度一般为口沿直径的一半,上阔下窄,这样方便人们单手端。新石器时代的碗就是一个空心半球形,没有现在的碗底,所以放在地上是会倾斜的。考古学家猜测,那时候的人们吃饭时会将碗放在凹坑处,起到稳定的作用。

◆ 制作材料

制碗的材料有陶瓷、木材、玉石、玻璃、金属等。样子精美的古董碗常常是收藏家的最爱。

◆ 造型特点

　　碗一般为敞口、深腹、平底或圈足造型，样式多种多样。如唐代越窑青釉海棠式碗，六朝时的青釉莲瓣纹碗，以及后来的折腰碗等。

◆ 瓷碗生产流程

　　原料—淘洗—配料—细碎—除铁—过筛—脱水—成型—干燥—修坯—粗烧—精修—施釉—釉烧—贴花—检选。

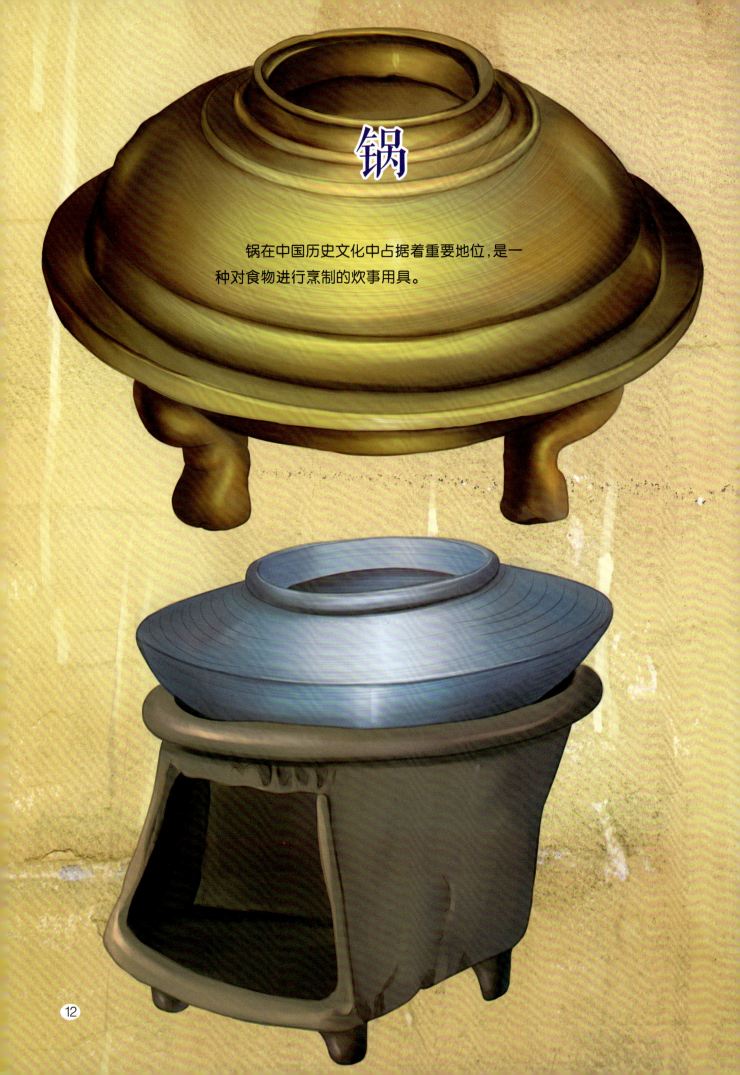

锅

锅在中国历史文化中占据着重要地位,是一种对食物进行烹制的炊事用具。

◆ **起源**

　　最早的锅是石锅，出现在原始部落时期，它的诞生说明人类开始了吃熟食的历史。后来出现了陶锅，说明人类开始有了饮食文化，因此陶锅可以看作是人类饮食历史上最早的锅。人们用陶锅来料理食物，以满足口腹之欲，标志着人类进入了烹饪时代。

◆ **生产流程**

　　1. 管板：材料验收—画线—材料钢印移植—下料—拼接—修磨—探伤—加热—热压成形—画余量线—加工管材—测量外圆备选配。

　　2. 筒节：材料验收—画线—材料钢印移植—下料—拼接—打焊工钢印代号—卷圆—纵缝定位焊—焊接—打焊工钢印代。

　　3. 锅身：定锅型—砂模—熔化金属—浇筑—冷却—打磨—喷涂。

菜　刀

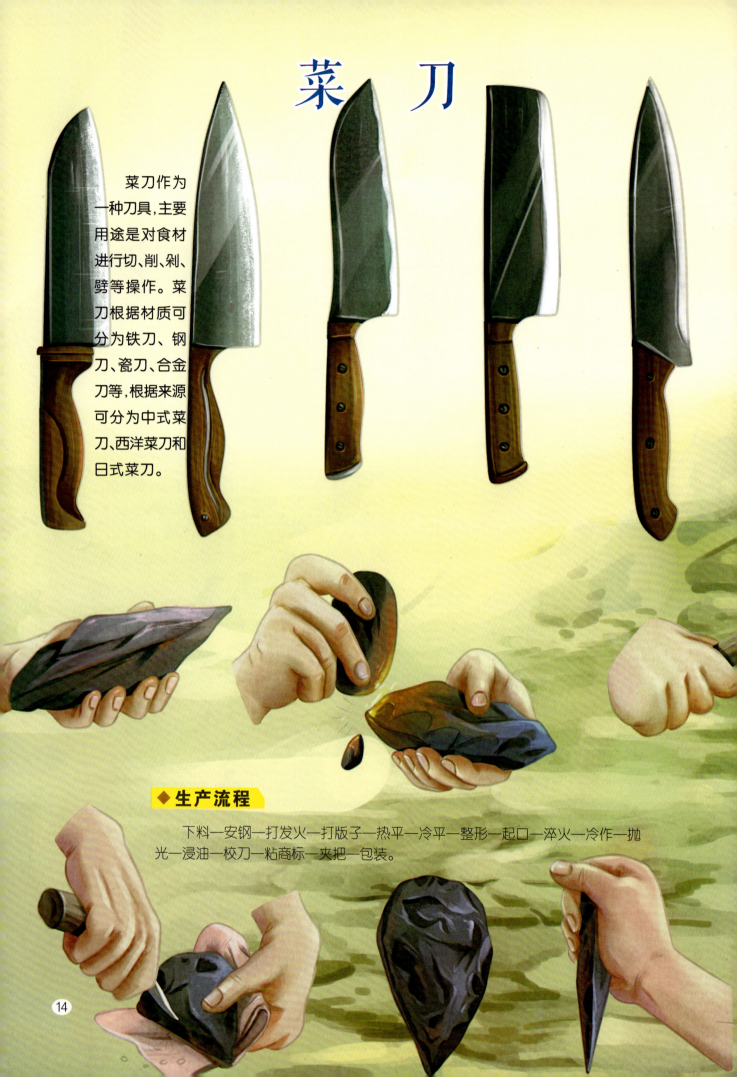

菜刀作为一种刀具,主要用途是对食材进行切、削、剁、劈等操作。菜刀根据材质可分为铁刀、钢刀、瓷刀、合金刀等,根据来源可分为中式菜刀、西洋菜刀和日式菜刀。

◆ 生产流程

下料—安钢—打发火—打版子—热平—冷平—整形—起口—淬火—冷作—抛光—浸油—校刀—粘商标—夹把—包装。

◆ 发展史

菜刀的起源可以追溯到远古时代,那时候的远古人使用尖锐的石器切割食材,可以称之为石刀。大约在4500年前,专用于厨房的刀具出现了,即我国考古学家发掘出的青石菜刀。奴隶制社会时期,青铜菜刀出现。秦汉时期,按照厨房需求而制造的刀具出现,其中就有钢制厨刀。

◆ 中式菜刀种类

中式菜刀大体分为:桑刀、片刀、文武刀、斩骨刀、烧腊刀、拍皮刀和鸭片刀等。

◆ 材质种类

现在人们使用的菜刀主要有碳钢刀和不锈钢刀。碳钢刀在20世纪的老百姓家中较为常见,缺点是容易生锈。进入21世纪后,不锈钢刀开始普及。不锈钢刀耐腐蚀,容易打理,外观也更加洁净、美观。

大 米

大米,也叫稻米,是我国大部分地区人们的主要食物,其中含有丰富的维生素、蛋白质等营养成分。

◆ 加工流程

原米收购—筛选(各种杂质)—去石—磁选—水稻去壳(稻谷、碎糙米)—谷糙分离—厚度分级—碾米(米糠)—白米分级—色选—抛光—色选—成品包装。

五常大米

◆ 起源与发展

世界水稻起源于中国。大约在 7000 年前，位于长江中下游地区的居民已经开始种植水稻，并以水稻作为主食。据相关史料记载，大约在 3000 年前，我国的水稻由浙江东部的舟山群岛北传到日本和朝鲜，南传到越南。

◆ 功效

中医认为大米味甘性平，具有益精强志、和五脏、止渴、止泻、补中益气、健脾养胃、聪耳明目、通血脉的功效。

◆ 营养价值

大米中含碳水化合物 75%左右，主要成分是淀粉，其中含蛋白质 7%～8%，主要是米谷蛋白，其次是米胶蛋白和球蛋白。大米蛋白质的生物价和氨基酸的构成比例都比小麦、大麦、小米、玉米等禾谷类作物高，消化率 66.8%～83.1%，是谷类蛋白质中较高的一种。此外，大米中还含有脂肪 1.3%～1.8%。

面　条

面条起源于中国,我国早在 4000 年前就开始制作食用面条。面条的制作方法简单,保存、食用也方便。我国许多地方以面条为主食,其营养丰富,健康保健,绵软美味。

和面

醒面

擀面

折叠

切条

◆ **制作方法**

　　制作面条一般先用豆类或谷物的面粉加水揉成面团,再将面团压制或擀制成片,然后使用切、拉、搓、捏等手段将面片制成面条,最后下锅或炒或煮或炸即可食用。

◆ **生产流程**

    面粉—添加增筋剂—和面—熟化—轧片—切条—成品。

◆ **养生价值**

    1.面条中含有铜元素,而铜元素作为人体内的微量元素是不可缺少的。

    2.面条中蛋白质的含量非常丰富,可以满足人体活动的需求。

热干面

酱　油

酱油是中国传统的调味品，制作原料主要为大豆、小麦和盐，成品呈红褐色液体状，酱香独特，味道鲜美，能增加和改善菜肴的味道，促进食欲。

◆ 起源

酱油起源于中国，由酱演变而来。我国周朝时期就有了制作酱的记载，最早的酱油是古代宫廷中人偶然发现的，制作原料为鲜肉，专供皇帝食用，制作方法与现代制作鱼露的方法相近。后来酱油流传到民间，鲜肉腌渍而成的酱油老百姓可吃不起，直到大豆酱油出现后，酱油才广为流传。

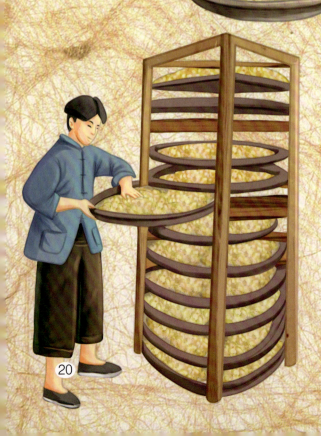

◆ 制作方法

酱油所用原料为植物性蛋白质和淀粉质。植物性蛋白质取自大豆,淀粉质的原料普遍采用小麦及麸皮。得到植物性蛋白质和淀粉质后,将其经蒸熟冷却,接入纯粹培养的米曲霉菌种制成酱曲。将酱曲移入发酵池,加盐水发酵,待酱醅成熟后,以"浸出法"提取酱油。

◆ 生产流程

酿造酱油:原料—蒸料—制曲—发酵—淋油—灭菌—灌装。
配制酱油:酿造酱油+酸水解植物蛋白调味液—调配—灭菌—灌装。

◆ 主要功效

1.酱油可为食物增色加味,使食物色泽好看、气味透人、激发食欲。

2.酱油的主要原料是大豆,其中大豆及其制品富含硒等矿物质。

3.酱油含有多种维生素和矿物质,可降低人体胆固醇,并能降低心血管疾病的发病率。

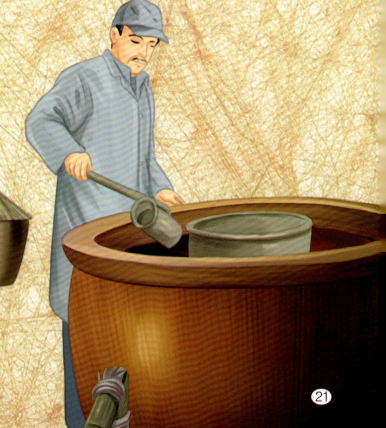

豆 腐

豆腐有着十分悠久的历史，是一种营养丰富的食物，不仅含有人体必需的多种微量元素，还含有丰富的优质蛋白，营养美味又易于消化吸收。

◆ 起源

相传，汉朝时期，淮南王刘安的母亲喜欢吃黄豆，可有一次其母因染病难以吃下黄豆，刘安为孝顺母亲，便命人将黄豆磨成粉再加水熬成豆浆，最后以盐卤使豆浆凝成豆腐。豆腐自此流传开来。

◆ **制作工艺**

　　现如今豆腐的制作可由机械代替手工。第一步是通过浸泡的方式让大豆软化;第二步是将泡好的大豆磨成浆;第三步是对浆进行过滤并蒸煮;最后一步是加入凝固剂,使豆腐成型。

◆ **生产流程**

　　大豆—清理—浸泡—磨浆—过滤—煮浆—凝固—成型—成品。

◆ **营养功效**

　　豆腐是一种有着养生功效的食品,经常吃豆腐可补中益气、清洁肠胃、清热润燥。出现口臭口渴、肠胃不清、热病症状的人适合吃豆腐调养。

糖

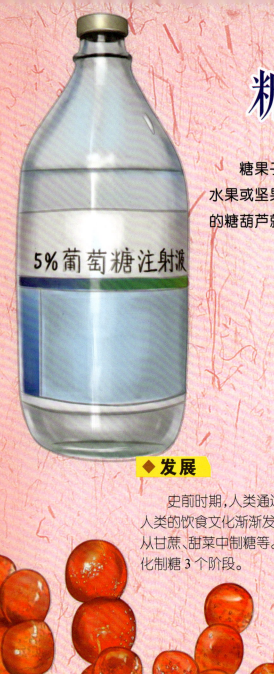

糖果子属于一种小吃一般是将糖裹在水果或坚果类食物上。我们在生活中常见的糖葫芦就是其中一种。

◆ 发展

史前时期，人类通过实践分辨出身边哪些食物是有甜味的。后来，人类的饮食文化渐渐发展，人们懂得了从谷物中制取饴糖，继而发展为从甘蔗、甜菜中制糖等。制糖历史可分为早期制糖、手工业制糖和机械化制糖3个阶段。

◆ 生产流程

领料—化糖—过滤—真空熬制—冷却—加辅料—调和—成型—筛选—内包—成品检验—外包。

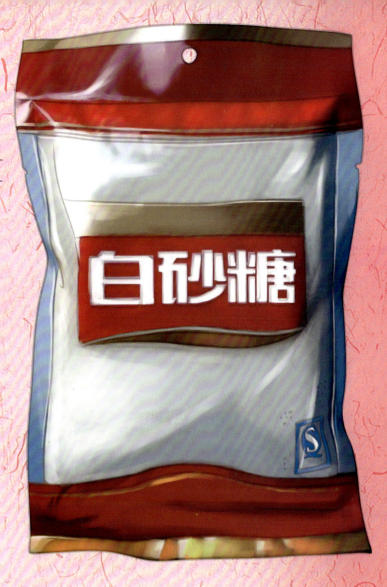

◆ 人体吸收

糖的种类有很多，有些糖能被人体直接吸收，如葡萄糖、半乳糖和果糖等。而有些糖无法被人体直接吸收，需在人体内转化为单糖后才能被吸收利用，如麦芽糖、蔗糖、棉花糖等。

◆ 主要功能

由实验结果可知，每克糖可为人体供应4卡路里能量，而人体所需的能量大部分是由糖类转化而来。此外，糖还是构成机体组织和保护肝脏功能的重要物质。

盐

食盐的主要成分是氯化钠。我国的食盐的产地分布很广，并且出产的种类繁多，有海盐、井盐、矿盐、湖盐、土盐等。成人每日摄入 6 克食盐即可满足机体对钠的需要。

◆ 起源

传说夙沙是海水制盐的鼻祖，他是炎黄时代的人，以火煎煮的方式从海水中获得盐。20世纪 50 年代，福建出土了煎盐器具，考古学家研究发现它是 7000 ~ 5000 年前的产物，证明那时候的人们已经懂得了制盐的方法。

◆ 生产方法

1.日晒盐,由"日晒法"得来,也叫"盐田法",利用滨海滩涂,筑坝开辟盐田,通过纳潮扬水,吸引海水灌池,海水经过日照蒸发变成卤水,当卤水达到一定温度时,使盐从卤水中析出。这样制造的盐称为粗盐。

2.井矿盐,生产主要分为采卤和制盐两个环节。不同的矿型采用不同的采卤方法。

3.湖盐,分为原生盐和再生盐,主要采用采掘法或滩晒法。

◆ 用途

盐的作用很广:医疗、清洁皮肤、护齿、美容、杀菌消毒、去污、制作重要的化工原料、食用等。

◆ 生理作用

盐的主要成分是氯化钠,钠离子和氯离子的功能主要有下列几点。

1.维持细胞外液的渗透压。

2.参与体内酸碱平衡的调节。

3.氯离子在体内参与胃酸的生成。

此外,食盐在协助神经和肌肉的正常运作并保持兴奋性上也有作用。

胡椒粉

胡椒含有胡椒碱、粗脂肪、挥发油、粗蛋白等，气味芳香，是一种深受人们喜爱的调味品。胡椒还可入药，有温中散寒之功效。

◆ 生长习性

胡椒是一种生长慢、耐寒、耐热、耐风但不耐水涝的植物，一般生长在荫蔽的树林中。人工种植需要保证良好的光照，栽培土壤要排水性好、足够肥沃。

◆ 制作方法

人们常吃的胡椒粉是由胡椒尚未成熟的果实（即黑胡椒）研磨而成的。此外还有白胡椒粉，它是由胡椒完全成熟的果实研磨而成的。

◆ 营养成分及功效

1. 胡椒含有多种维生素。

2. 胡椒能给食物去腥，还有助消化。

3. 胡椒性温热，能温胃驱寒，对胃寒所致的胃腹冷痛、肠鸣腹泻有很好的缓解作用。

4. 胡椒可防腐抑菌，能起到去除鱼虾肉毒的作用。

5. 黑胡椒在味道上要比白胡椒强烈，能起到去腥的作用，烹饪海鲜类菜肴时常会用到黑胡椒。

6. 白胡椒的药用价值要高过黑胡椒，可散寒健胃、促消化、促发汗，增进人的食欲。

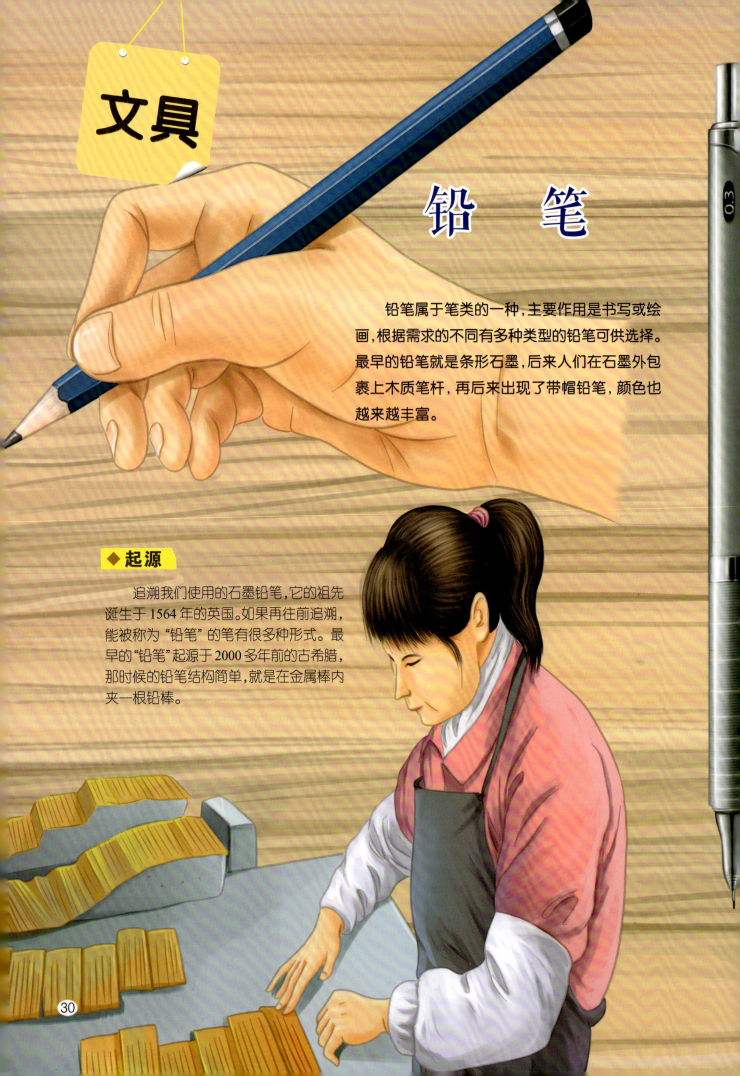

铅　笔

铅笔属于笔类的一种,主要作用是书写或绘画,根据需求的不同有多种类型的铅笔可供选择。最早的铅笔就是条形石墨,后来人们在石墨外包裹上木质笔杆,再后来出现了带帽铅笔,颜色也越来越丰富。

◆ 起源

追溯我们使用的石墨铅笔,它的祖先诞生于 1564 年的英国。如果再往前追溯,能被称为 "铅笔" 的笔有很多种形式。最早的 "铅笔" 起源于 2000 多年前的古希腊,那时候的铅笔结构简单,就是在金属棒内夹一根铅棒。

◆ 制作方法

　　铅笔分为铅笔杆和铅笔帽两部分：铅笔杆的制作主要分为铅笔板、铅芯、铅笔杆、外观装饰等部件。铅笔帽的制作过程主要有制模、胶印、组装等工序。

◆ 生产流程

　　下料—刷胶—加芯—粘合—检验—喷漆—磨削。

◆ 使用注意

　　铅笔芯是无毒的，主要以石墨和黏土作为原料。铅笔的笔杆外部大都有一层包裹膜或笔漆，这样既美观，又可以保护笔杆。但是颜料和笔漆中都含有微量重金属，因此咬铅笔的笔杆是不利于人体健康的。

钢　　笔

钢笔诞生于 19 世纪初，以金属制成笔头，是一种用于书写的工具。钢笔书写起来圆滑而有弹性，十分流畅。使用钢笔时注意保养能延长钢笔的使用寿命。

◆ 发明

钢笔的发明者尚未有定论，只知发明时间。1809 年，英国颁发了第一批有关贮水笔的专利证书，钢笔自此诞生。

◆ 结构组成

一支钢笔由笔尖、墨囊、握位、笔杆和吸墨器组成。

◆ 笔尖制作过程

钢笔的笔尖直接关系书写效果,其制作过程大致分为以下六步。

1.以金属片为原料,裁出钢笔尖形状的小金属片。

2.对小金属片进行压制,使其具备笔尖的弧形。

3.将一颗铱点焊接在笔尖上。

4.用机器切割墨线。

5.在笔尖表面镀上一层起保护作用的金属膜。

6.试写,调整。

◆ 吸墨原理

墨囊受到挤压后,其中的空气被排出,墨囊外部的气压就会大于墨囊内部的气压,于是外界的墨水便被气压挤压进墨囊。

橡皮擦

橡皮擦是文具的一种，它的作用是擦去笔迹，它的碎屑便于清理。现在我们使用的橡皮擦种类繁多，以供应人们对橡皮擦的不同需求。

◆ **起源**

橡皮擦的发明者是一位名叫爱德华·纳梅的英国工程师，时间是在 1770 年。在此之前，人们书写错误时会使用面包屑擦去字迹。

◆ **工作原理**

橡皮擦去除字迹的原理属于物理原理，通过摩擦达到剥离所写物体表面物质的目的。

◆ **制作过程**

1. 通过对石油进行加工, 获得合成橡胶。
2. 将合成橡胶与研磨过的浮石粉、氧化铁、植物油、硫和其他物质混合。
3. 对混合物进行加热处理。
4. 在混合物尚未完全冷却之前, 及时送进冲压机, 制成橡皮。
5. 冷却后的混合物切成块儿, 就是人们平日里单独使用的块状橡皮擦; 如果需要特定的形状, 需将混合物注入模具当中, 冷却后打开模具即可。

尺 子

尺子又称刻度尺、量尺，通常有刻度，主要作用是度量长度，也可以用来画线段。一般分为直尺、直角尺、卷尺、游标卡尺等。

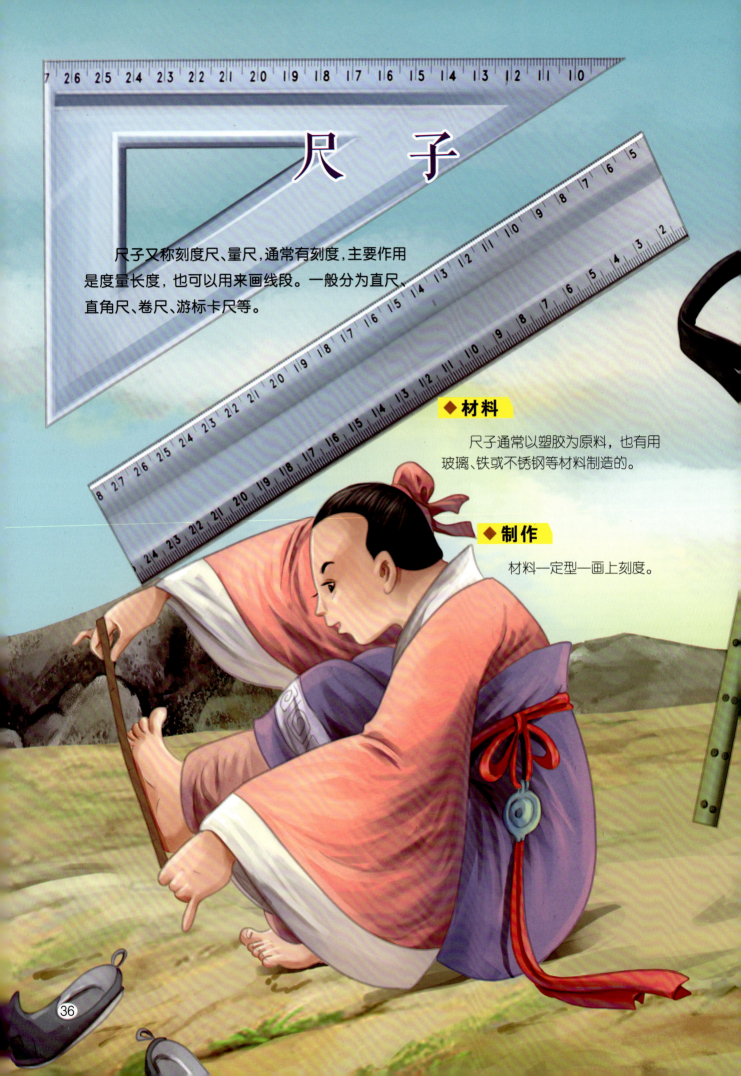

◆ **材料**

尺子通常以塑胶为原料，也有用玻璃、铁或不锈钢等材料制造的。

◆ **制作**

材料—定型—画上刻度。

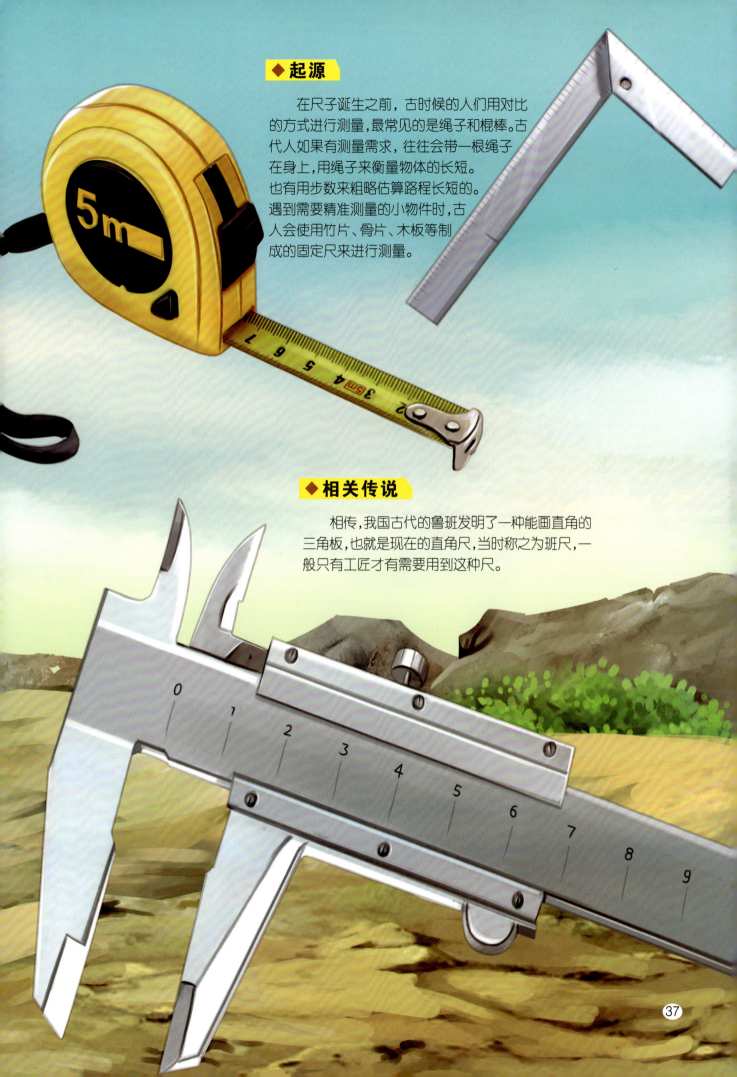

◆ 起源

在尺子诞生之前，古时候的人们用对比的方式进行测量，最常见的是绳子和棍棒。古代人如果有测量需求，往往会带一根绳子在身上，用绳子来衡量物体的长短。也有用步数来粗略估算路程长短的。遇到需要精准测量的小物件时，古人会使用竹片、骨片、木板等制成的固定尺来进行测量。

◆ 相关传说

相传，我国古代的鲁班发明了一种能画直角的三角板，也就是现在的直角尺，当时称之为班尺，一般只有工匠才有需要用到这种尺。

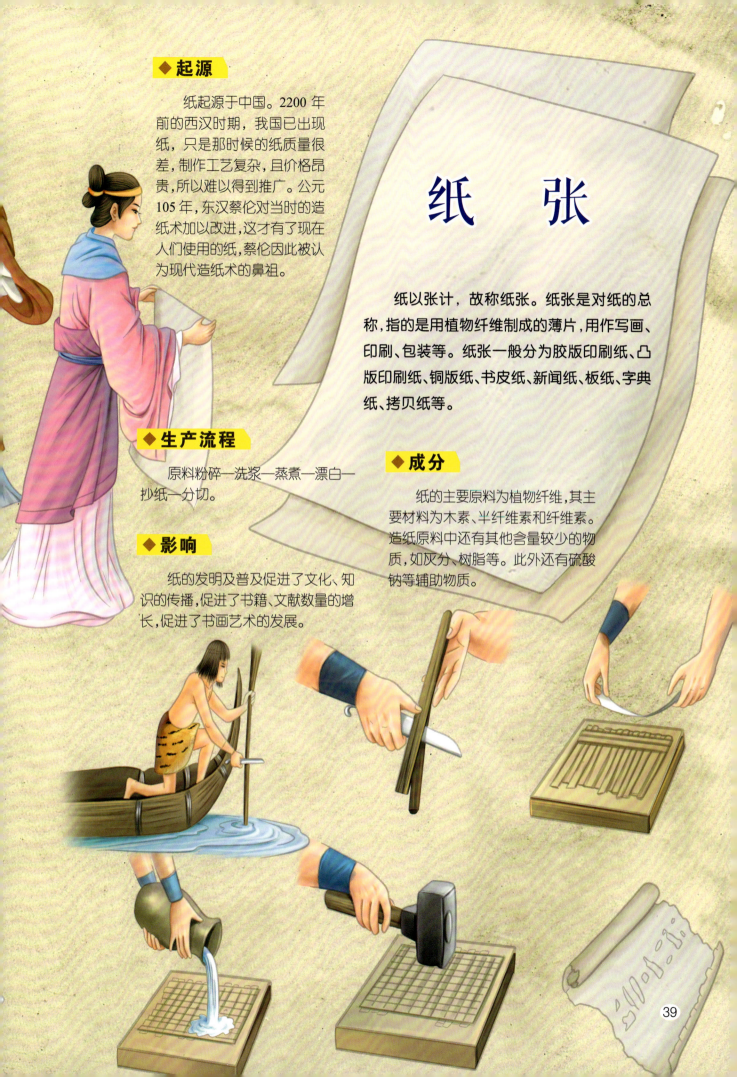

纸 张

◆ 起源

纸起源于中国。2200年前的西汉时期，我国已出现纸，只是那时候的纸质量很差，制作工艺复杂，且价格昂贵，所以难以得到推广。公元105年，东汉蔡伦对当时的造纸术加以改进，这才有了现在人们使用的纸，蔡伦因此被认为现代造纸术的鼻祖。

纸以张计，故称纸张。纸张是对纸的总称，指的是用植物纤维制成的薄片，用作写画、印刷、包装等。纸张一般分为胶版印刷纸、凸版印刷纸、铜版纸、书皮纸、新闻纸、板纸、字典纸、拷贝纸等。

◆ 生产流程

原料粉碎—洗浆—蒸煮—漂白—抄纸—分切。

◆ 成分

纸的主要原料为植物纤维，其主要材料为木素、半纤维素和纤维素。造纸原料中还有其他含量较少的物质，如灰分、树脂等。此外还有硫酸钠等辅助物质。

◆ 影响

纸的发明及普及促进了文化、知识的传播，促进了书籍、文献数量的增长，促进了书画艺术的发展。

39

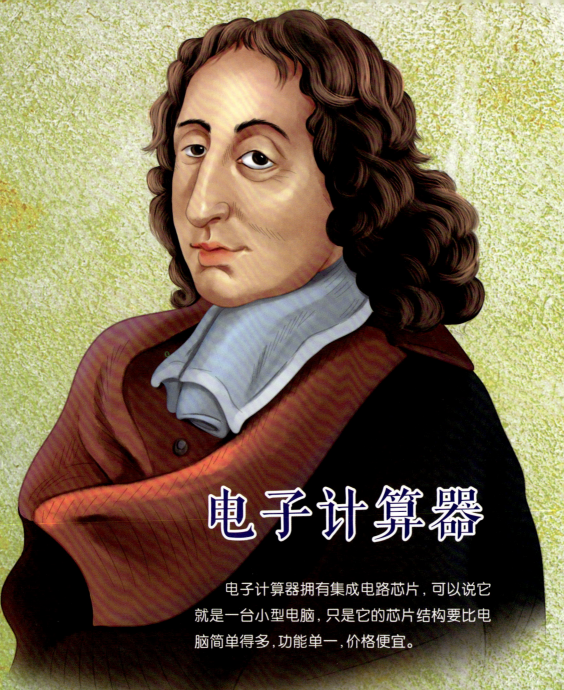

电子计算器

电子计算器拥有集成电路芯片，可以说它就是一台小型电脑，只是它的芯片结构要比电脑简单得多，功能单一，价格便宜。

◆ 起源

第一台固态电子计算器诞生于 20 世纪 60 年代初，它的大小和现在的计算机一样大。我们如今认为的电子计算器属于袖珍电子计算器，它于 1972 年问世，发明者是英国人辛克莱。

◆ 内部结构

电子计算器一般由电源、键盘、显示面板和处理器芯片组成。

◆ 工作原理

　　电子计算器首先判断并储存使用者通过按键输入的信号，然后根据这些信号进行运算，最后将结果输出到显示屏上。计算器里面是一块已经编程好了的数字电路板。市面上那些只有简单计算功能的低档电子计算器主要由运算器和控制器实现计算功能，较高档的电子计算器由微处理器和只读存储器实现较复杂的运算。

运动

乒乓球

乒乓球是在球台上进行的球类运动之一，比赛分团体、单打、双打，起源于英国，因其打击时发出"Ping Pang"的声音而得名。

◆ 起源

19世纪末，英国伦敦的某个饭店内，正值酷暑，两个吃完饭的年轻人满头大汗，他们手持雪茄盒盖子扇着风，无聊之下便用手里的雪茄盒盖子当球拍，用酒瓶软塞当球，就这么隔着桌子打起球来。这种模仿网球的玩法颇有意思，被逐渐传开，很快传出英国，在世界各地流行起来。

◆ 传播

在不算长的时间里，乒乓球这类运动便风靡世界。尤其是胶皮球拍出现后，乒乓球进一步得到推广。1926年，第一届世界乒乓球锦标赛于英国伦敦举行，国际乒乓球联合会随之成立。20世纪初，乒乓球运动传到了亚洲。

◆ 生产流程

冲片—轧片—切边—胶球—膨球。

◆ 原材料

乒乓球的主要材料为赛璐珞，直径40.00毫米，重量2.6克～2.8克，颜色为白色、黄色或橙色。

赛璐珞为有色或无色透明或不透明的片状物，性软，富有弹性。它能够在水的沸点温度下模塑成型，也可以在较低的温度下被切割、钻孔或锯开；既可制成坚硬的团块，也可以制成柔软的薄片。

43

篮 球

篮球是一种有弹性的空心球,多用皮料制成。篮球运动是以手为中心的身体对抗性体育运动,是一项常见的球类比赛运动。

◆ 起源

1891 年,美国人詹姆斯·奈史密斯正在马萨诸塞州斯普林菲尔德基督教青年会国际训练学校任教。当地盛产桃子,詹姆斯·奈史密斯经常看见那里的儿童将球扔进桃子筐进行游戏。詹姆斯·奈史密斯由此受到启发,结合当时其他球类运动的特点,发明了篮球游戏,因此被称为"篮球之父"。

◆ **制作材料**

　　过去的篮球通常由牛皮制成，现代篮球一般采用 PU 合成皮、PVC 合成皮、ZK 超细纤维等材料制作。

◆ **制作过程**

　　1.选择好制作篮球的原料，按照球胆的规格裁剪出制作篮球的外皮。

　　2.对球胆进行抛毛，清洗杂物。

　　3.在裁剪好的外皮的背面和球胆的外层刷两层胶水，室温条件下自然晾干。

　　4.将球胆置于烘箱中加热，将涂好胶水的外皮依次贴在球胆上，使外皮与球胆预粘合。

　　5.预粘合后，冷却一段时间，然后放入硫化机中的模具中进行篮球硫化成型。

　　6.将硫化成型后的篮球从模具中取出，向篮球内胆充压，放置冷却。

足　球

足球是一种有弹性的空心球，多用皮料制成。足球运动是一项以脚为主，控制球进行攻防的对抗性体育运动。因足球参与人数多、战术多变、对抗性强等特点，被称为"世界第一运动"，受到无数球迷的追捧。

◆ 起源

足球运动起源于中国古代的球类游戏蹴鞠，蹴鞠则被称为中国古代的足球。"蹴鞠"一词最早出现在《史记·扁鹊仓公列传》中。

◆ 制作材料

足球材料的发展有一个过程，而且一直在发展。早期的足球都是用皮革为材料，最常见的是牛皮，后来逐渐被合成材料取代。

◆ 制作流程

贴合—裁皮—裁皮质检—裁皮入仓—皮料印刷—质检、入仓—手缝—收口—品检—充气印形—清洁—试气—品质检验—包装。

羽毛球

羽毛球是用羽毛和软木制成的一种小型球类。羽毛球运动是隔着球网,使用长柄网状球拍击打羽毛球的运动。羽毛球比赛一般在室内的长方形场地上进行,双方运动员各自运用技术和战术将羽毛球击打到对方的有效区域,球落在己方有效区域或自己失误都会丢分。

◆ 起源发展

现代羽毛球运动起源于印度,形成于英国,于1875年正式走入公众的视野。而后30年,羽毛球运动逐渐兴起,比赛标准得到了进一步的完善。

◆ **制作材料**

　球：羽毛球的羽毛基本都是鹅毛、鸭毛。球头的材料基本都是泡沫、软木。

　球拍：20世纪70年代以前的羽毛球拍几乎全由钢管和木柴制成，上手较重，后来铝合金球拍开始出现，而现在的羽毛球拍材料更加多样化，有钛合金、碳纤维、高强度碳纤维等。

◆ **制作流程**

　收集羽毛并洗毛—冲成毛片—毛片分级挑选—制作球头—球头分拣并包皮—削皮并挑选分重—球头钻孔并植毛—上线定型并进行调整—测量并贴边—再次称重并测速。

毽　子

毽子是一种用鸡毛插在圆形底座上制成的游戏器具，需用脚操作，是一项简便易行的健身活动。古称抛足戏具，由古代蹴鞠发展而来，兴盛于民间，至今已有2000多年的历史，深受儿童和青少年的喜爱。

◆ 起源

毽子，又称毽球，古代文人也称其为"燕子"。作为一种古老的传统民俗体育活动之一，毽子起源于汉代。具体描述踢毽子的文物出土于1913年，那块记录踢毽子表演的石画属于一个东汉墓，上面描绘了八人踢毽子的动作。

◆ 材料及制作方法

传统手工制作毽子材料：塑胶袋一个、一元硬币一个、橡皮筋一条、剪刀。制作方法如下：

1.塑胶袋两端折几折，方便剪成条状。

2.抓起塑胶袋一端包好硬币，另一只手拿起橡皮筋。

3.套在硬币下方的抓握点上，一直绕到橡皮筋无法再缠绕为止。

鸡毛毽制作材料：剪刀、鸭毛管、铜板或硬币、鸡毛。制作方法如下：

1.将鸭毛管的头、尾剪去，留下中间中空的部分，再将鸭毛管用剪刀剪成四等分，其长度不超过二分之一，并将它拨开。

2.准备三块直径约3.5厘米的圆布，一块中间打洞，将鸭毛管穿进打洞的圆布，放置一边。

3. 另两块圆布中间夹放一枚铜板或硬币，粘好后上层涂黏胶，将有鸭毛管的布于上面粘妥，再修剪底部。

4.将选好的鸡毛插入鸭毛管中。

运动鞋

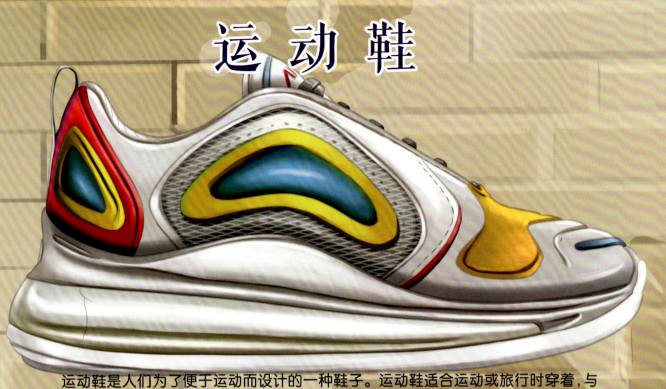

　　运动鞋是人们为了便于运动而设计的一种鞋子。运动鞋适合运动或旅行时穿着，与传统的皮鞋不同，运动鞋的鞋底采用相对柔软的材料，因为富有弹性的鞋底能对脚部起到缓冲作用。出于对不同运动的不同需求，有的运动鞋还有防水或防止脚踝受伤的设计。

◆ 发展史

　　1868 年，第一双运动鞋在美国诞生，它是一双帆布面橡胶底的运动鞋。这双运动鞋出世之初并不讨喜，一是因为过去的美国人习惯了穿皮鞋，对于运动鞋奇怪的造型感到不适应；二是当时的橡胶工艺还不够完善，橡胶底的鞋子不耐穿。因此，当时的大部分运动鞋只在运动员中间流行。直到 1924 年运动鞋才开始兴起。

◆ **弊端**

　　比起皮革面的皮鞋，多以橡胶、海绵、尼龙作为鞋子原材料的运动鞋有着一定弊端——除去少数经过特殊处理的高档运动鞋外，大部分运动鞋通气性较差。这样的鞋子里面容易滋生真菌，导致穿着者患脚癣、皮炎、湿疹等皮肤病。另外，有些运动鞋是一种无根平底鞋，穿着时人体重心难以平均分布在脚掌上，使身体的肌肉、韧带、骨骼和脊柱难以保持在正常的位置。

◆ **制作流程**

　　开料—折面—铲皮—车面—猛鞋—底落—成型—烘干—抛光—激光—打字—包装。

乐器

笛

笛，我国传统乐器之一，是迄今为止发现的最古老的汉族乐器。笛子的音域一般能达到两个八度多一点儿，制作成本低，广受百姓喜爱。

◆ 起源

我国的笛子有着十分悠久的历史，它的起源可以追溯到远古时代。那时候的古人以捕猎为生，当他们收获猎物，将猎物架在篝火上烤时，就会伴着笛声载歌载舞。他们制作笛子的材料往往是猎物的胫骨，出土于我国最古老的乐器——骨笛证实了这一点。

◆ 制作材料

　　制作笛子一般用竹子作为材料,可供选择的竹子有很多:苦竹、紫竹、湘妃竹、蕲竹、白竹等。可供选择的其他材质也有很多:红木、玉石、金、银、树脂、铜、铁等。

◆ 制作工具

　　1.能够切断竹子的小锯或刀子。
　　2.能够钻眼(孔)的钻子或者粗铁丝(烧红之后钻孔用)。
　　3.修挖洞孔的小尖刀。
　　4.能够打穿竹子内节的长刀。
　　5.铅笔和尺。

◆ 制作流程

　　选材—截段—打通内节—测量—定调—调音和挖孔—检查—上漆。

箫

箫，分为洞箫和琴箫，在我国有着悠久的历史，是一种非常古老的吹奏乐器。箫的音色圆润，幽雅动听，音乐表演中常会出现它们的身影。

◆ 起源

箫的起源，可以追溯到新石器时代的笛。那时候的笛多以禽鸟的中断胫骨制成，考古学家称之为骨哨，认为它已经具备了乐器的雏形，所以现如今的许多管乐大师认为骨笛就是现代管乐器的鼻祖。

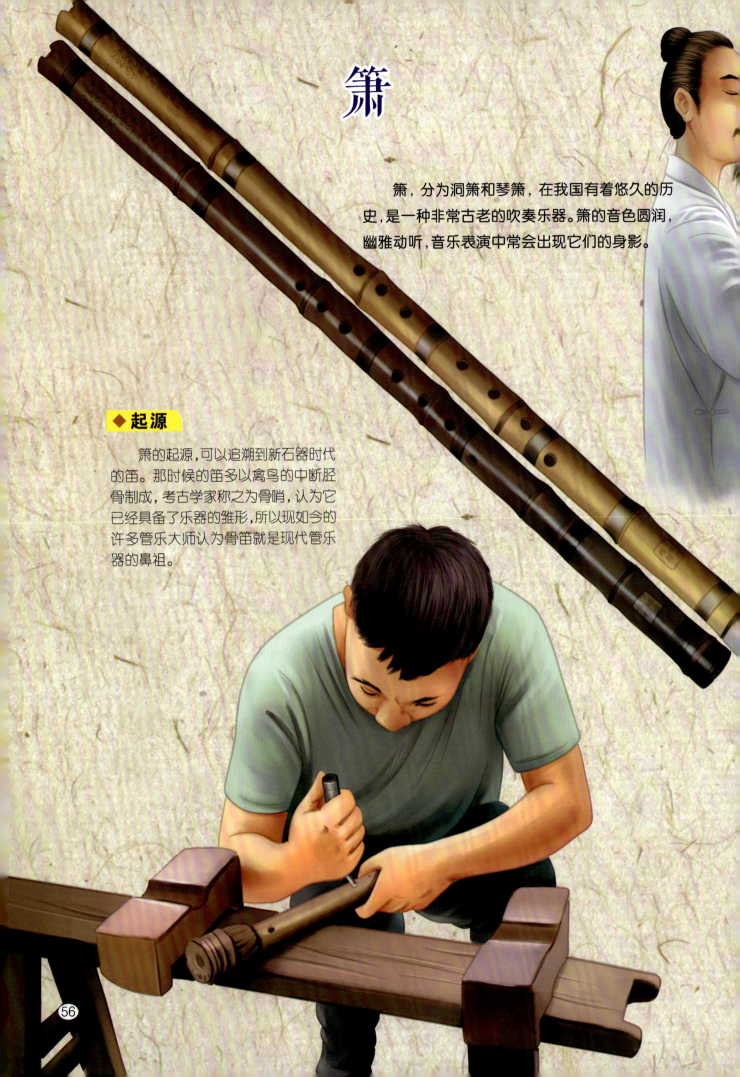

◆ **制作材料**

　　制作箫的常见材料为木头和竹子，也有用铜制的铜箫和玉制的玉箫，现代也有用不锈钢、树脂、合金制作箫的。

◆ **制作流程**

　　选材—校直—开吹口和通膛—通膛磨节—定调开基音孔—开指孔—扎线灌虫胶。

◆ **乐器特色**

　　箫和笛子一样，也能吹奏出叠音、打音和滑音等。箫的音色幽静典雅，适合吹奏抒情、悠长、恬静的曲调，不适合吹奏灵活度较高的曲调，也不宜演奏花舌、垛音等技巧。

钢　琴

　　钢琴是一种键盘乐器，英文名为 Piano，它的全
名应叫 Pianoforte。钢琴由 52 个白键和
36 个黑键以及金属弦音板组成，
有"乐器之王"的美称。

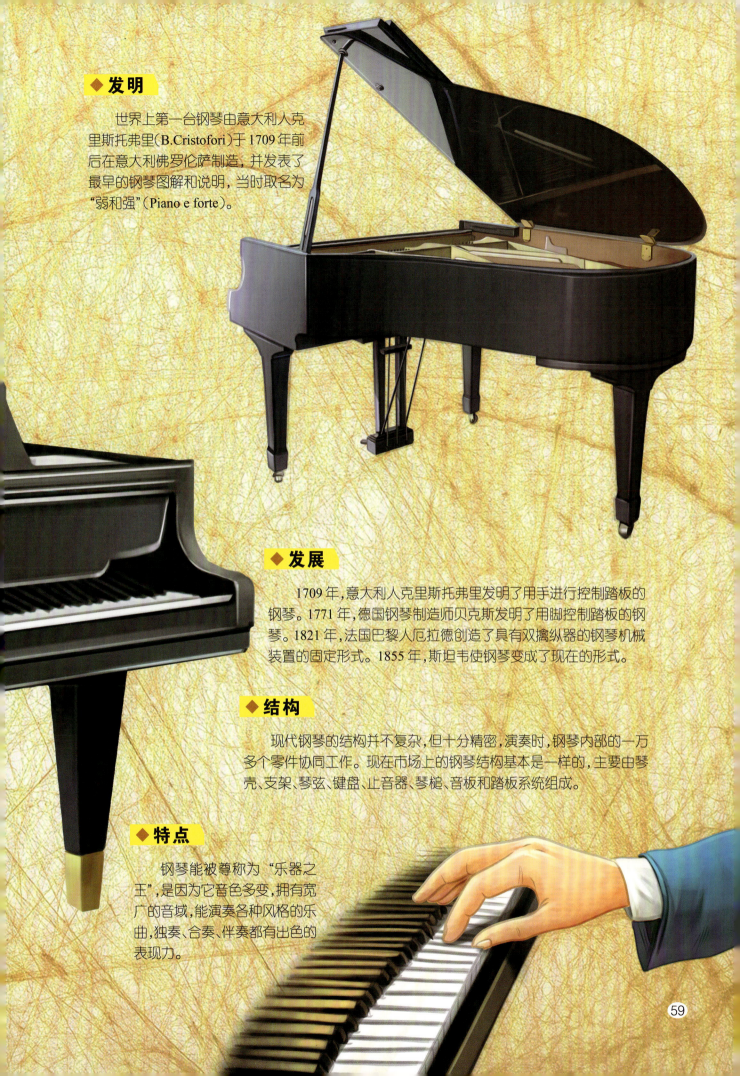

◆ 发明

世界上第一台钢琴由意大利人克里斯托弗里（B.Cristofori）于 1709 年前后在意大利佛罗伦萨制造，并发表了最早的钢琴图解和说明，当时取名为"弱和强"（Piano e forte）。

◆ 发展

1709 年，意大利人克里斯托弗里发明了用手进行控制踏板的钢琴。1771 年，德国钢琴制造师贝克斯发明了用脚控制踏板的钢琴。1821 年，法国巴黎人厄拉德创造了具有双擒纵器的钢琴机械装置的固定形式。1855 年，斯坦韦使钢琴变成了现在的形式。

◆ 结构

现代钢琴的结构并不复杂，但十分精密，演奏时，钢琴内部的一万多个零件协同工作。现在市场上的钢琴结构基本是一样的，主要由琴壳、支架、琴弦、键盘、止音器、琴槌、音板和踏板系统组成。

◆ 特点

钢琴能被尊称为"乐器之王"，是因为它音色多变，拥有宽广的音域，能演奏各种风格的乐曲，独奏、合奏、伴奏都有出色的表现力。

小 提 琴

小提琴是一种有着四根琴弦的弦乐器，靠弓和弦摩擦发声。小提琴在世界各地广泛流传，是音乐演奏、音乐创作中常会出现的主要乐器之一。独奏、合奏、伴奏都有不错的表现力，与钢琴、古典吉他并称为世界三大乐器。

◆ 结构

小提琴的琴身又名共鸣箱，长度在 35.5 厘米左右，主要由面板、侧板和背板组合而成。面板常选用质地较软的木材，背板和侧板则选用质地较硬的木材。另外小提琴还包括琴头、琴颈、弓子、弦等结构。

◆ 制作流程

选材—拼板—刮板—装音梁刻音控—合琴—随琴—刻琴头—装琴头—油漆—装配。

◆ 发明

小提琴的起源已不可考证，现代小提琴起源于 16—18 世纪的意大利。那个时期的欧洲正处于文艺复兴时期，当时一位名叫玛基尼的制琴师选用阿尔卑斯山纹理细腻均匀的云杉木加工后制成小提琴，质地很轻，音质浑厚圆润。他将早期的"微奥里"上的音阶格子除去，在光木头上装上四条弦，这就是现代小提琴的结构。

二　胡

二胡，即二弦胡琴，发源于唐朝，是一种中国传统拉弦乐器，至今已有一千多年的历史，多用于民间丝竹音乐演奏或民歌、戏曲的伴奏。

◆ 起源

二胡发于唐朝，起源于北部地区的少数民族——奚族，那时它叫"奚琴"。二胡过去在长江中下游一带十分流行，所以又被称为"南胡"。因为它只有两根弦，所以民间就叫它二胡。

◆ **制作过程**

1.挑选尺寸合适的木料。

2.对木料进行初步加工,人工刨平,使之表面光滑圆润。

3.用强力胶将琴头粘贴在琴杆上,并且仔细磨平磨光,二胡的基本骨架就算完成了。

4.选用上好的皮料,浸泡、拉伸,使其发挥出最好的弹性。在琴筒涂上特制胶水,将皮料蒙上。

5.用特制工具固定、绷紧、烫平,贴上由赛璐珞制成的垫片,防止皮料受到磨损。

6.用砂纸反复打磨,直至木质表面完全平滑,然后打蜡。

7.在涂着由蜂蜡等混合制品的布轮上进行最后的抛光。

◆ **构造**

二胡由琴弦、琴筒、琴杆、琴头、琴轴、琴皮、千斤、琴马和弓子等部分组成,另外还有琴托、松香、制音垫等附属物。

鼓

鼓的历史古老悠久，是一种在鼓身上蒙上膜用手或鼓桴敲击出声的乐器，为我国传统的打击乐器。由于敲击鼓时会发出隆隆如雷的声响，因此鼓在古代常用于祈神求雨、驱魔祛邪和战场助威等场合。

◆ 起源发展

鼓可追溯到5000多年前，当时的人们用兽皮蒙在容器上做鼓。我国古代的鼓常用于祭祀、征战、驱邪等活动，作为乐器是从周代开始的。随着社会的发展，鼓的应用范围更加广泛，各类节日庆典、演出、集会等活动都离不开鼓类乐器。

◆ 构造及材料

鼓由鼓身、鼓皮、鼓圈、鼓卡和鼓槌等部分组成。

1.鼓身:初期有金属、玉、木、石等种种制品。现代多用木料和牛、马、猪的皮等制造。

2.鼓圈和鼓卡:大都用铝合金制成。

3.鼓槌:短而粗的木槌。

◆ 制作流程

鼓身选材—木材加工—涂胶—加固鼓圈—打磨—安装弹簧—泡制皮料—蒙皮—裁剪。

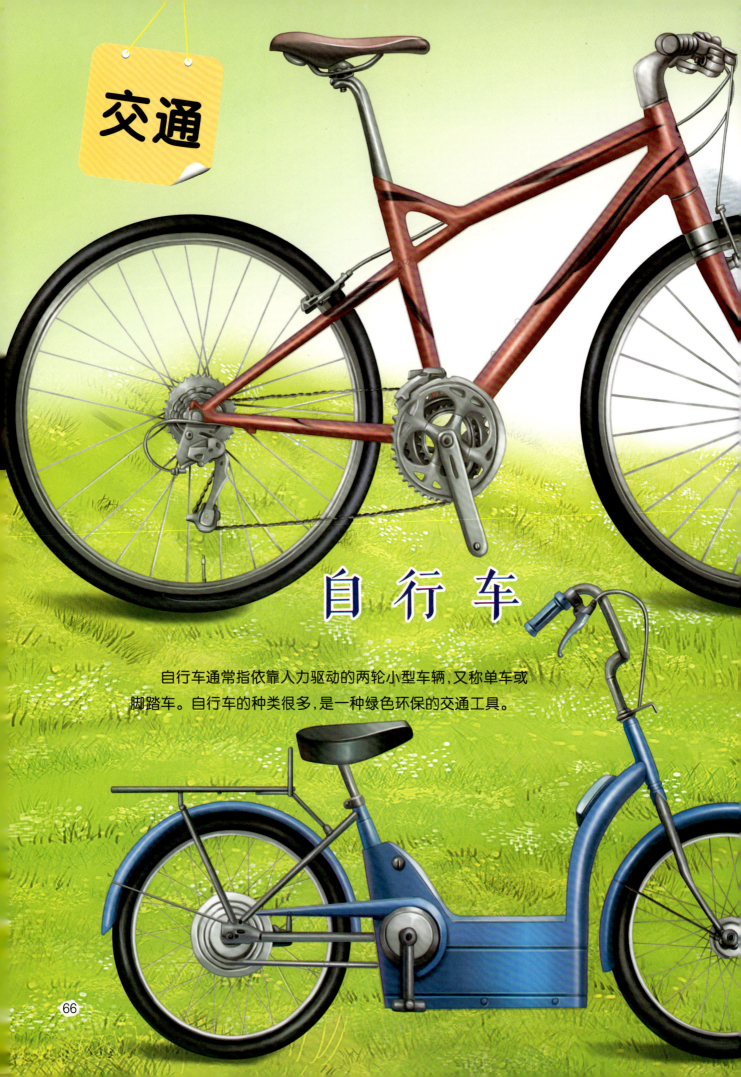

自行车

自行车通常指依靠人力驱动的两轮小型车辆，又称单车或脚踏车。自行车的种类很多，是一种绿色环保的交通工具。

◆ **发展史**

　　1790 年,法国人西夫拉克发明了一种两轮车,它没有传动装置,需要人用脚蹬地驱动车辆前进,这辆车被认为是最原始的自行车。1801 年,俄国人阿尔塔马诺夫设计出世界上第一辆踏板自行车。1867 年,英国人麦迪逊设计出第一辆装有钢丝辐条的自行车。1874 年,英国人劳森设计出了第一辆拥有链条和链轮的自行车。自此,真正具有现代化形式的自行车诞生了。

◆ **构造**

1. 车体部分:包括前叉、前叉合件、车架、车把和鞍座等。
2. 传动部分:包括链条、链轮、中轴、曲柄和脚蹬等。
3. 行动部分:前后车轮、前后轴部件、辐条、车圈、轮胎等。
4. 安全装置:包括制动器(车闸)、车灯、车铃、反射装置等。

◆ **生产流程**

　　设计—开模—配件生产—挑选管材—焊接—烤色—测试—组装。

摩托车

◆ **发明**

　　1884 年，英国人埃德华·布特勒以煤油发动机作为驱动装置制造出了一辆三轮车，这辆车的构造和自行车大致相同，只是多加了一个动力装置。1885 年，德国人特利布·戴姆勒以单缸风式汽油机作为驱动装置制造出了一辆三轮摩托车，并获得发明专利，被称为"汽车之父"。

摩托车通常指依靠汽油机驱动的两轮或三轮小型车辆。摩托车和自行车一样，靠手把操纵前轮转向，轻便灵活，应用广泛。

◆ **基本组成**

　　摩托车由电气仪表、转向、制动系统、发动机、传动系统和行走系统五部分组成。

◆ **工作原理**

　　1.进气:进气门打开,活塞下行,汽油和空气的混合气被吸进汽缸内。

　　2.压缩:进气门和排气门同时关闭,活塞上行,混合气被压缩。

　　3.燃烧:当混合气被压缩到体积最小时,火花塞跳火点燃混合气,燃烧产生的压力推动活塞下行并带动曲轴旋转。

　　4.排气:当活塞下行到最低点时排气门打开,废气排出,活塞继续上行把多余的废气排出。

汽车

汽车通常指具有动力驱动装置、四轮以上的非轨道车辆，主要应用于载人和运货。

◆ 起源

1867年，第一台往复活塞式四冲程发动机诞生，它的发明者是德国工程师奥托。1885年，德国人卡尔·本茨将奥托发明的发动机安装在一辆三轮马车上，并在几年后申请到第一辆三轮汽车的发明专利。

◆ 构造

汽车的总体构造基本上由底盘、车身、电气设备、发动机四部分组成。

1.底盘：汽车底盘的作用是支撑、安装汽车发动机及各部件，接受发动机输出的动力。

2.车身：车身安装在底盘上，作用是供乘客乘坐或承载货物。

3.电气设备：主要为汽车启动、行驶及汽车附属设施提供电力。

4.发动机：使燃料燃烧产生动力，然后通过底盘的传动来驱动车轮运动，使汽车行驶。

◆ 生产工艺

1.冲压工艺：生产车身所需的各种零部件。

2.焊接工艺：将车身与各零部件焊接在一起，形成完整的车身。

3.涂装工艺：防止车身锈蚀，赋予车身各种外表。

4.总装工艺：将车身、底盘和内饰等各个部分组装到一起，形成一台完整的车。

火　车

　　火车，又称铁路列车，简单来说就是在铁路轨道上行驶的车辆。火车通常有多节车厢，发明至今一直是人类重要的交通工具之一。我国早期的火车车厢是绿色的，因此我们常听到"绿皮火车"这一称呼。

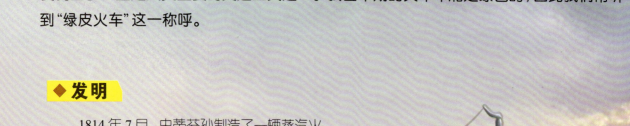

◆ 发明

　　1814年7月，史蒂芬孙制造了一辆蒸汽火车"布鲁克号"，单是火车头的重量便为5吨，它可带动8个车厢运行，总重约30吨。

◆ **名称由来**

　　火车是人类利用化石能源进行运输的典型工具。提到火车的名称，还需要追溯到火车发明之前。1804 年，英国的矿山技师德里维斯克利用瓦特的蒸汽机造出世界上第一台蒸汽机车。当时，德里维斯克制造的蒸汽机车速度达到了 5 千～ 6 千米/时，以煤炭或木柴作为燃料，通过燃烧煤炭或木柴的方式驱动蒸汽机，所以人们都叫它"火车"，并一直沿用至今。

◆ **原理**

　　最原始的蒸汽火车以燃烧煤炭或木柴驱动蒸汽机，火车的行驶依靠火车头带动。后来的内燃机车烧柴油，以内燃机作为原动力，通过传动装置驱动车轮运动。

◆ **蒸汽火车构造**

　　蒸汽火车主要由四大部分组成：锅炉、汽机、车架走行部分和煤水车。

船

船指的是能在水上移动的交通工具。古代的船以人力、风帆作为动力，后来有了蒸汽机船、柴油引擎船，乃至现代的核动力船。

◆ 起源

一万年前，中国的舟船文化便已经出现。再往前追溯，最早的船可能就是一截木头，人们为了使用更加便利，便将木头改造成简易的船——独木舟。早在石器时代，把圆木凿空的独木舟便已经出现。

◆ **构造**

船体由底板、侧板、甲板、龙骨、龙筋、肋骨、旁龙骨、船首柱、船尾柱等构件组成。

◆ **发展**

船的发展经历了四个时代:舟筏时代、帆船时代、蒸汽机船时代和柴油机船时代。

1.舟筏时代:人类以舟筏作为运输、狩猎和捕鱼的工具,最早起源于石器时代。

2.帆船时代:以风帆驱动船只。15世纪到18世纪是帆船发展的鼎盛时期。

3.蒸汽机船时代:近代的轮船依靠蒸汽机为轮船提供动力,称为蒸汽船。

4.柴油机船时代:现代轮船多用钢铁制造,以机械发动机作为驱动装置。

◆ **生产流程**

设计—采购—型材加工—分段组装—船体合龙—下水—码头舾装。

飞 机

飞机是 20 世纪初最重大的发明之一，指的是能在大气层内飞行的航空器。飞机的动力装置为一部或多部发动机，由机身的固定机翼产生升力。

◆ **起源**

1903 年，美国莱特兄弟制造出了世界上第一架依靠自身动力进行载人飞行的飞机"飞行者 1 号"。这架飞机完全受控、依靠自身动力、可持续滞空不落地。

◆ **构造**

大多数飞机是由六个主要部分组成：机身、机翼、尾翼、动力装置、起落装置和操纵系统。

◆ **主要分类**

飞机按用途可分为民用飞机和军用飞机两大类。民用飞机泛指一切非军事用途的飞机，如救护机、客机、农业机、试验机等；军用机泛指用于军事领域的飞机，如战斗机、轰炸机、侦察机、运输机等。

◆ **制造过程**

飞机机体制造要经过工艺准备、工艺装备的制造、毛坯的制备、零件的加工、装配和检测等过程。飞机制造中采用大量的工艺装备和不同于一般机械制造协调技术，目的是保证所造的飞机具有准确的外形。